AF388863

LES IMPOSTURES

BALLET

ORNE' DE MACHINES ET DE CHANGEMENS
DE THEATRE POUR SERVIR D'INTERMEDE

A LA TRAGEDIE

D'ANNIBAL

QUI SERA REPRESENTE'E DANS LE
College de la sainte Trinité de la Compagnie
de JESUS le 1. Juin 1692.

A LION,

Chez MOLIN & BARBIER, vis à vis le grand College
à l'Ange Gardien.

M. DC. XCII.

A MESSIEURS
LES PREVOST
DES MARCHANDS
ET ESCHEVINS
DE LA VILLE DE LYON.

Preſidens, Juges, Gardiens, Conſervateurs des Privileges Royaux de laditte Ville.

Meſſire, **JEAN BAPTISTE DU LIEU**, *Ecüier, Conſeiller du Roi en ſes Conſeils, Lieutenant particulier en la Sénechauſſée & Siége Préſidial de Lyon, Prévoſt des Marchands.*

Nobles, **MATHIEU AU MAISTRE** *Baron de S. Marcel, Seigneur de Varres & autres places, Conſeiller d'honneur au Préſidial de Moulins.*

MATHIEU DE LA FONT.

BARTHELEMI D'ARESTE.

ANDRE' CHOISITY, *Eſchevins de la Ville & Communauté de Lyon.*

ME SSIEVRS,

Tout nous engage cette année à redoubler nos ſoins pour vous plaire. Quelque choſe de plus fort

A 2

que la coûtume & le devoir nous soûtient & nous anime dans cette occasion.

Les sentimens que vôtre Caractére particulier nous inspire, nous touchent pour le moins autant que ceux que vôtre rang exige de nous.

Vôtre personne nous interesse encore plus que vôtre dignité & en honorant le Magistrat par devoir, nous nous sentons entraînés par estime & par inclination à honorer encore plus dans vous le vrai & le solide mérite, le cœur droit & généreux, l'étenduë d'esprit, la pénétration, la probité exacte & ces autres qualités si généralement, si hautement, si justement reconnuës, par lesquelles vous relevés autant vostre emploi, que vostre emploi à coûtume de relever les autres.

Nostre cœur, MESSIEURS, ne nous prévient point à vostre égard, ou si nous sommes prevenus, il faut que le public le soit aussi bien que nous.

Mais si nous ne pouvons vous donner qu'une estime que tout le monde vous donne universellement, nous pouvons du moins vous répondre que nostre reconnoissance est tres-particuliere.

Vous prennés plaisir, MESSIEURS, à marquer par quelque nouveau bien-fait toutes les années de vostre ministere. A peine attendes-vous nos demandes pour nous faire des graces, & nous devons plus craindre de vous fatiguer par nos re-mercîmens si souvent réiterés, que nous n'avons sujet d'apprehender que vous vous lassiés de nous obliger.

Nous ressentons vivement, MESSIEURS, ces faveurs & cés distinctions. Le public en joüira long-tems & il en restera des monumens qui éter-niseront sa reconnoissance & la nôtre.

MESSIEURS,

Vos tres-humbles,
tres-obéissans
& tres-obligés serviteurs.
Les écoliers du grand Collége de la compagnie de Jesus.

Recitera le Compliment GUERIN.

SUJET DE LA TRAGEDIE.

L y a peu de gens qui n'ayent entendu parler du fameux Annibal que nous avons choiſi pour le Heros de nôtre tragedie. Son paſſage par les Alpes & ſes victoires ſur les Romains ſont des avantures aſſés connuës.

On entrera aiſément dans nôtre intrigue pourveu qu'on ſoit inſtruit de quelques points d'Hiſtoire ſur leſquels elle roule.

Le premier eſt qu'Annibal apres la bataille de Canne au lieu de pourſuivre ſes avantages & de profiter de la conſternation de Rome, donna à ſes ennemis le tems de ſe relever; ſans qu'on aye jamais bien pénetré le veritable motif de cette conduite.

Le ſecond c'eſt qu'au fort de ſes conquêtes dans l'Italie, on le traitoit cependant fort mal à Carthage où Hannon & ſa cabale ſe déchainoient terriblement contre lui & l'accuſoient même en plein Senat d'intelligence avec Rome.

Le troiſiéme c'eſt que l'armée de ce General étoit compoſée de trois nations differentes, de Carthaginois, d'Eſpagnols, & ſur tout de Gaulois, qui ſuivoient plûtoſt la perſonne d'Annibal qu'ils ne dépendoient de Carthage.

Le dernier c'eſt que Cornelius Scipion ayant été pris par Annibal, fut enlevé par le jeune Scipion ſon fils qui devint depuis ſi fameux ſous le nom d'Affriquain.

Tout cela eſt fidélement raporté par Polibe, par Titelive & par Plutarque : les autres incidens de nôtre Tragedie ſont la plus-part ou feints ou alterés.

Emilie dont la reconnoiſſance doit faire le denoüement eſt un perſonnage de nôtre invention : nous avons mis Hannon

dans le Camp d'Annibal & donné aux vieux Scipion la qua-
lité de Dictateur pour animer & pour soûtenir l'intrigue. Ces
changemens ne choqueront pas les personnes qui sçavent les
régles de la poësie dramatique.

Je crois qu'on n'ignore pas que chez les anciens Romains
rien n'étoit plus commun que l'adoption, dont les droits n'é-
toient pas moins sacrés que ceux du sang & de la nature.

Tout cela est necessaire pour l'intelligence de la Tragedie que nous allons representer.

Malgré la multiplicité d'incidens & d'intrigues dont nous
l'avons remplie ; on n'a pas laissé d'y donner beaucoup d'é-
tenduë aux passions, & d'y conserver méme la simplicité de
l'action.

Recitera le Prologue de la Tragedie GACON.

La Scéne est dans la Tente d'Annibal à un quart de Lieüe de Rome.

SUJET DU BALLET.

DANS le dessein où nous sommes de donner un
Ballet mêlé de beaucoup de spectacle & qui ait
du rapport à la situation où sont les affaires de
l'Europe ; & à l'intrigue de nôtre Tragedie qui
roule sur les trahisons d'un Carthaginois : il étoit
difficile de choisir un sujet plus propre que celui des impostures.

On y verra, des peintures assés naturelles de ce qui se passe
aujourd'hui dans le monde. Les fourberies des ennemis de la
France, les illusions, les chimeres & les visions dont ils s'en-
têtent & dont ils veulent entêter les autres, y sont representées
sous des allegories continuelles.

Les trois derniéres parties font pleines de ces allufions aux affaires du tems. Les perfonnes qui ont du difcernement n'auront pas beaucoup de peine à les déméler. La première partie n'a que fort peu d'allegories; le fujet fur lequel elle roule ne nous permettoit pas d'y en faire entrer beaucoup fans forcer les penfées.

Les quatre fortes d'impoftures qui féduifent ordinairement les hommes dans le commerce de la vie, font les quatre parties du ballet.

Dans la premiere partie nous reprefentons les impoftures dans la religion. Dans la feconde, les impoftures de l'efprit. Dans la troifiéme les impoftures du cœur. Dans la derniére les impoftures des fens.

Nous decouvrirons dans les quatre parties les quatre fources de ces impoftures, qui font la fuperftition dans la religion, la vaine curiofité dans l'efprit, les paffions dans le cœur, les illufions dans les fens.

On voit affés le raport fingulier que les quatre parties de nôtre ballet ont avec le fyftême prefent de l'Europe. Elles reprefentent les quatre principaux moïens dont s'eft fervi l'impofture pour feduire les Allies.

1. Elle a commencé d'abord par intereffer la Religion de la plufpart d'entre-eux. 2. Enfuite elle a entété leurs efprits, en leur perfuadant que la conquête de la France étoit la chofe du monde la plus infaillible & la plus aifée

3. Elle a achevé de les engager en envenimant leur cœur par la haine, par la jaloufie, & par les autres paffions.

4. Enfin pour les empêcher de ne pas voir la fauffe démarche qu'ils faifoient, elle a ébloüi leurs fens par des fonges & par des illufions, en leur faifant voir des montagnes d'or, des armées prétes, des intelligences & cent autres pareilles chiméres qu'ils ont eu la foibleffe de prendre pour des realités.

Recitera le Prologue du Ballet ESTIVAL.

OUVERTURE
DU BALLET.

E théatre repréſente un temple magnifique. La verité paroit ſur un char volant, elle eſt chaſſée par l'impoſture ſon ennemie qui fait ſortir de l'enfer quatre fraudes pour l'aider à combattre la vérité & pour la détruire dans tout l'Univers. Ces quatre fraudes entreprennent de ſéduire généralement tous les hommes. La prémiere promet de corrompre leur religion. La 2. de tromper leur eſprit. La troiſiéme de ſeduire leur cœur. La quatriéme de ſurprendre leur ſens.

La verite. LOMBARD.
L'impoſture. DE VIAL DE CHATENAY.
Les fraudes. COTTIN, BAILLY, GUETTAN, GERBET.

PREMIERE PARTIE.

Les impoſtures dans la Religion.

PREMIERE ENTRE'E.

Les divinités du Ciel.

HUit divinités fabuleuſes ayant la ſuperſtition à leur tête deſcendent du Ciel pour ſeconder les deſſeins de l'impoſture.

B

La superstition. SALZ. *Iupiter* DIDIER L'AINE'.
Apollon DRIVON. *Mars* NERON. *Mercure.* RAMETTE.
Iunon RENAUD. *Pallas* DERVIEU. *Diane* PINARDI.

SECONDE ENTRE'E

Les divinités de la Mer.

LE théatre change & réprefente une mer où l'on voit
paroître Neptune, Nerée, & deux Nereides qui font les
Divinités à qui la fuperftition a donné l'Empire de cet éle-
ment.

Neptune DEJAME LAINE. *Neree.* DEPESSES,
Nereides TAXIS, VILLEMAGNE.

TROISIEME ENTRE'E.

Les Divinités de l'Enfer.

PLuton fuivi de quatre divinités infernales eft envoié par
l'impofture pour combattre la verité.

Pluton DE MONTANEGUES. *Divinités infernales.*
GUERIN, DEJAME LE CADET, BLETTON,
LORISSE.

QUATRIEME ENTRE'E.

Les Prêtres de Mars.

DOuze Prêtres de Mars célébrent des jeux militaires au
fon des tambours & des trompettes en l'honneur de ce
Dieu qui paroit en l'air fur un char.

Prêtres de Mars MICHAUD, DE CHATENAY, CHA-
ZEL, DE LA MAR-RE , COLOMBET , DAUJOL,
COMBET, PLASSON, DE PATUREL, PREVOST,
ETIENNE, DU POISAT.

CINQUIEME ENTREE.

Les Corybantes.

HUit Corybantes Chantants & danfants avec leurs petits tambours font une fête à l'honneur de cybéle & de Céres qui font à leur tête.

Cybéle LOMBARD. *Cérés* DIDIER LE CADET. *Corybantes* MERVEIL , MALLET , CHAUVIN , AR- THAUD, ARDIEU, ROZE l'aîné , ROZE le cadet.

SECONDE PARTIE.

Les impoftures de l'efprit.

PREMIERE ENTRE'E.

Les Egyptiennes.

SIx Egyptiennes aiant chacune un tambour de bafque à la main amufent un curieux , & le volent en lui donnant fa bonne fortune.

Curieux BLETHON. *Egyptiennes* LOMBARD , DER- VIEUX, PINARDY, TAXIS , VILLEMAGNE, BUISSON.

SECONDE ENTREE

Dédale , Icare.

ICare méprife les bons confeils, de fon pere Dedale , il veut voler plus haut que lui, & regarder de prés le Soleil, dont

la chaleur fait fondre la cire de ses ailes & le précipite dans
la mer.

Dedale D'EPESSE. *Icare* PELISSIER.

TROISIEME ENTRE'E.

Les Devins.

DEux Astrologues Hollandois qui avoient prédit une éclipse du Soleil, reconnoissent la fausseté de leur prédiction.
Deux Jongleurs & deux Cabalistes en font autant.

Astrologues. CHAUVIN, NERON , *cabalistes* , DE-
MONTANEGUES , ARTHAUD , *jongleurs*, MER-
VEIL, MALLET.

QUATRIE'ME ENTRE'E.

Les Fées.

DEux fées ou enchanteresses , s'éfforcent en vain de pénétrer dans l'avenir par le secours de leurs art. Mais le secret
qu'on garde à présent en France, les déconcerte tout-à-fait.
Fées BAILLY , GERBAIS.

CINQUIE'ME, SIXIE'ME ET SEPTIE'ME ENTRE'E.

La Boëte de Pandore.

PAndore présente la boëte fatale à Epimethée, qui l'ouvre
pour satisfaire sa curiosité. Les maux en sortent en foule &
se répandent sur la terre. L'esperance seule reste dans le fons.
Epimethée DIDIER l'aîné. *Pandore* DIDIER le cadet.
Les maux DEJAME le cadet, COTTIN, LORISSE,
DE PATUREL.
L'esperance S A L Z.

HUITIEME ENTRE'E.

Orphée, Eurydice.

ORphée par la douceur de son chant retire des enfers sa femme Eurydice, mais il la perd une seconde fois, pour avoir trop tôt jetté les yeux sur elle.

Orphée DEJAME l'aîné. *Eurydice* RENAUD.

TROISIE'ME PARTIE.

Les impostures du cœur.

PREMIE'RE ET SECONDE ENTREE.

Les Sirenes.

LE théatre change & represente une mer, ou l'on voit des Sirénes & des Dieux marins. Ulysse avec ses compagnons paroit en même tems dans un vaisseau. Les Sirénes tâchent par la douceur de leur chant de les attirer pour les perdre : mais la sagesse d'ulysse rend leur artifice inutile.

Dieu marin DRIVON. *Sirenes* DERVIEU, SEGUIN. *Vlysse* ARDIEU. *Compagnons d'Ulisse.* RAMETTE. ROZE l'aîné, ESTIVAL, AVIGNON, PELISSIER.

TROISIEME ET QUATRIE'ME ENTRE'E.

Circé & les ours.

CIrcé suivie de plusieurs autres magiciennes change par ses enchantemens quatre Compagnons d'Ulysse en autant d'Ours, qui dansent une entrée de Ballet.

Circé TAXIS . *Compagnes de Circé* DIDIER le cadet, SALZ , VILLEMAGNE, DERVIEUX, RENAUD, BUISSON.

Ours danſants CHAZELLE, COLOMBET, ROZE le cadet, LORISSE.

CINQUIEME ENTREE.

Les ſacrificateurs.

DEux Bracmanes , deux gymnoſophiſtes , deux talapoins, deux Bardes, un Sacrificateur grec , & un Romain font valoir leur ridicules ſuperſtitions.

Sacrificateurs MICHAUD, DE LA MARRE, DAUJOL, COMBET , PLASSON, ESTIENNE, DE PATUREL, PROVOST , DU POISAT,

SIXIEME ENTRE'E.

Phaëton.

LE jeune Phaëton mépriſant les avis du Soleil , veut conduire lui-même le char de cet aſtre : mais ayant par ſon imprudence & par ſon ambition embrazé l'Italie & une grande partie de l'Europe, il eſt précipité d'un coup de foudre dans le pô.

Phaëton DE JAME le cadet.

SEPTIEME ENTREE.

Les Chymiſtes.

QUatre Chymiſtes apres avoir bien ſoûflé , ne trouvent que de la fumée au lieu de l'or qu'ils cherchoient.

Chymiſtes D'EPESSE , DEJAME l'aîné DE MONTANEGUES , ARTHAUD.

QUATRIE'ME PARTIE.

Les impostures des sens.

PREMIERE , ET SECONDE ENTREE.

Les songes.

LE théatre devient obscur tout-à-coup. La nuit descend sur son char sémé d'étoiles & tiré par des hiboux. Elle fait sortir de la terre le silence, le sommeil & une troupe de songes dont les uns sont gais , les autres mélancoliques. Dés que le Soleil paroit sur son char les songes s'envolent tous.

La nuit BUISSON. *Le silence.* ARTHAUD, *le Sommeil.* DEMONTANEGUES. *Songes gais* COTTIN, BAILLY , GUETTAND, GERBET , *Songes mélancoliques.* GUERIN, DE JAME le cadet, LORISSE BLETHON, *Le Soleil.* DE CHATENAY.

TROISIEME ENTREE.

Armide tancréde.

ARmide éblouit les yeux de tancréde par ses enchantemens. Elle change une forêt en un superbe Palais.

Armide RENAUD. *Tancréde* AVIGNON.

QUATRIEME ENTRE'E.

Les avanturiers.

Ces deux entrées sont tirées d'un Episode du Tasse chant cinq.

UNe troupe d'Avanturiers François conduit par Rénaud, quittent le Camp de Godefroi de Boüillon pour suivre Armide à l'exemple de Tancrêde.

Renaud MERVEIL.

Avanturiers. DIDIER l'aîné , DRIVON, RAMETTE, CHAUVIN , MICHAUD , MALLET , DEJAME l'aîné. ROZE l'aîné.

CINQUIEME ENTREE.

Les joueurs de gobelet.

QUatre joüeurs de gobelet dupent les gens par leur tours de souplesse.

Ioüeurs de gobelet ARDIEU , PINARDY , D E L A MARRE , PROVOST.

SIXIE'ME ENTRE'E.

Protée.

LA décoration change & représente une mer ou l'on voit paroître Protée accompagné d'une troupe de Dieux marins. Protée prend toute sorte de figures pour les tromper.

Protée NERON *Dieux marins* , COMBET , DAUJOL, CHAZELLE, COLOMBET, ESTIENNE, PLASSON, ROZE le cadet DU POISAT.

BALLET GENERAL.

LEs imposteurs aiant l'imposture à leur tête se réünissent tous pour achever de séduire l'univers. La vérité paroît sur son char & les dissipe tous par le secours du tems son Pera.

La verité LOMBARD. *l'Imposture* DE CHATE-NAY. *Les Imposteurs.* RAMETTE, NERON, les deux DIDIER, MALLET, MERVEIL, CHAUVIN, DRI-VON, D'EPESSES, GVERIN, DEJAME l'ainé, COT-TIN BAILLY, RENAUD, VILLEMAGNE, TAXIS, PELISSIER, CHAZELLE, GERBET.

ACTEURS DE LA TRAGEDIE.

Annibal général des Cartaginois. DURRET.
Arminius Chef des Gaulois. DU FENOYL.
Scipion Dictateur des Romains. ROCHETTE.
Le jeune Scipion fils du dictateur. GUERIN.
Cornelie femme du Dictateur. VOISIN.
Emilie fille adoptive du Dictateur. DUFENOYL DE TOURVILLE.
Hannon Lieutenant d'Annibal. ESTIVAL.
Maharbal confident d'Hannon. MICHAUD.

NOMS DES ACTEURS.

RHETORICIENS.

Aimé Lombard.	de Lyon.
Claude Mallet.	de Lyon.
Claude Rochette.	de Lyon.
Ennemond Voisin.	de Lyon.
Jaques-Joseph Merveil.	de Lyon.
Jean Ardieu.	de Lyon.
Jaques Chauvin.	de Lyon.
Loüis-Michaud.	de Lyon.
Loüis Didier.	de Lyon.
Pierre Drivon.	de Lyon.
Pierre Durret.	de Lyon.
Philippe du Fenoyl.	de Lyon.
Salomon Nairon.	de Lyon.
Simeon Ramette.	de Lyon.

HUMANISTES.

Claude du Fenoyl de Tourville.	de Lyon.
Jaques d'Epesses.	de Lyon.
Jaques Didier.	de Lyon.
Jean Estival.	de Lyon.
Jean Guerin.	de Lyon.
Jean Mathieu de Jame.	de Lyon.
Jean Roze.	de Lyon.

TROISIE'MES.

Charles Avignon.	de Lyon.
Claude Joseph de Jame.	de Lyon.
Jaques Arthaud de S. Marc.	de Lyon.

Jean Baptiste de Montanegues.   de Montelimar
Laurent Pinardy.   de Lyon.
Potin Salz.   de Lyon.

QUATRIE'MES.

Alexis de Vial de Chatenay.   de Bourg.
Annet Combet.   de Lyon.
Barthelemi Loriffe.   de Lyon.
Chriftophle Peliffier.   de Lyon.
Denis Villemagne.   de Lyon.
Gabriel Buiffon.   d'Ambert.
Gabriel de la Marre.   de Lyon.
Gabriel Gacon.   de Lyon.
Gafpar Dervieux.   de Lyon.
Gregoire Bailly.   de Lyon.
Jean Bapt. Cottin.   de S. Rambert.
Jean Bapt. Guetand.   de Lyon.
Jean Daujol.   de Lyon.
Jean Franc. Seguin.   de Lyon.
Marc. Ant. Colombet.   de Lyon.
Pierre Chazelle.   de Lyon.
Pierre Renaud.   de Lyon.
Pierre Taxis.   de Lyon.

CINQUIE'ME.

Etienne Plaffon.   de Lyon.
Etienne Roze.   de Lyon.
Jean Bapt. Gerbet.   de Lyon.
Jean Etienne.   de Lyon.
Pierre de Paturel.   de Lyon.

SIXIE'MES.

Etienne Blethon.   de Lyon.
Jean Bapt. du Poifat.   de Lyon.
Pierre Provôt.   de Lyon.

FIN.

www.ingramcontent.com/pod-product-compliance
Lightning Source LLC
LaVergne TN
LVHW021907180726
843502LV00008B/2941